# DER BÄR UND DIE LEUTE

Eine Geschichte
erzählt und gezeichnet
von

**REINER ZIMNIK**

# DER BÄR UND DIE LEUTE

Eine Geschichte
erzählt und gezeichnet
von

**REINER ZIMNIK**

**BÜCHERGILDE GUTENBERG**

 Mit Genehmigung des Atrium Verlages, Zürich.
Ausstattung Juergen Seuss, Niddatal bei Frankfurt am Main.
Satz, Lithographie und Druck Oehms Druck GmbH, Frankfurt am Main.
Bindearbeiten Wilhelm Osswald + Co., Neustadt an der Weinstraße.
Printed in Germany 1973. ISBN 3 7632 1704 5.

Also es war einmal

ein Mann

und

der hatte einen Bären.

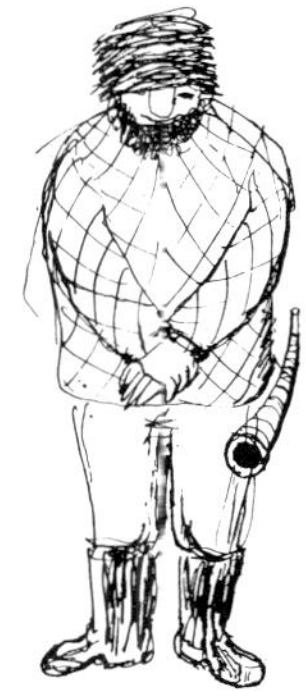

Der Mann wollte nicht sagen, wo er herkam, und niemand wußte, wie er hieß. Die Leute nannten ihn einfach "Bärenmann", und der Mann war es zufrieden.

Der Bär hatte auch keinen Namen.

Der Mann nannte ihn "Medwietsch," – das ist russisch und heißt "Bär," – und dem Bären war das gleich.

Der Bärenmann hatte zwei Freunde: den Bären und den lieben Gott.
Er hatte einen eisernen Brattiegel, ein Horn, auf dem man nur einen Ton blasen konnte, und sieben Bälle.
Er hatte keinen Schatz im Walde vergraben, er konnte nicht zaubern, und das Wurzelmännchen war ihm in seinem ganzen Leben nicht begegnet. Nur drei Dinge waren an ihm außergewöhnlich: er verstand die Bärensprache, er hatte ein gutes Herz, und er konnte mit sieben Bällen jonglieren.
Der Bär war braun, und er konnte tanzen. Wenn der Mann auf der Leier spielte, stellte er sich auf seine Hintertatzen und tanzte nach der Musik, die aus dem Leierkasten kam. Er hatte einen eisernen Ring durch die Nase und einen Maulkorb, wie es sich für einen anständigen Tanzbären gehört.
Aber er wurde nie an eine Kette gehängt, wie die anderen Tanzbären. Und er lief seinem Bärenmann nie davon. Wo hätte er auch hinlaufen sollen? Er tanzte und bekam dafür das Essen, und sonntags zusätzlich ein Pfund Honig, und was anderes hatte er nicht gelernt.
Wenn er tanzte, funkelten seine kleinen Augen, und manchmal blinzelte er dem Bärenmann zu und brummte unauffällig:
»Hö, Mann, wie tanz ich, ganz gut, hm?« Und der Bärenmann schmunzelte und tuschelte unauffällig:
»Prima, Medwietsch, und so harmonisch!«
Sie zogen von Dorf zu Dorf, und sie gehörten zur Landstraße, wie die knorrigen alten Apfelbäume und die Weißdornhecken.
Und sie schritten ruhig und gleichmäßig und je drei Schritte bei einem Atemzug.

Und die Bauern auf den Feldern wetzten ihre Sensen und wischten sich den Schweiß von der Stirn, und manchmal kniffen sie ein Auge zu und spähten nach der Landstraße.

Wenn sie die zwei in der Ferne sahen, riefen sie einander zu: »Der Bär, der Bär!« An solchen Tagen schulterten sie ihre Sensen, noch bevor die Sonne unterging.

In den Dörfern jubelten die Kinder »der Bär ist da, der Bär ist da!«, und sie umringten die zwei und hüpften um sie herum. Sie zupften den Bären am Pelz und an den Ohren und kletterten auf seinen struppigen Rücken, und die ganz Kleinen standen an den Gartentüren und flüsterten: »Der Beh, der Beh!«
»Ha, ha, tolle Kinder, was Brauner«, sagte der Mann zum Bären. Und der Bär brummte: »Hmhm, hmhm« und grunzte vor Freude. Dann riefen die Kinder: »Zeig uns ein Kunststück, zeig uns ein Kunststück!« Sie hängten sich an die Arme des Bärenmannes und bettelten so lange, bis er ihnen eins zeigte. Er zog einen Ball aus der Tasche, legte ihn auf den flachen Handrücken und ließ ihn langsam über den Arm, die Schulter und den Rücken rollen bis zur linken Fußspitze. Dann schnellte er ihn hoch und fing ihn mit der rechten Hand wieder auf.
Der Bärenmann ging zur Gemeindetafel und schrieb mit weißer Kreide darauf:

Indem daß
und Ich und der Bär
und wir werden heute abend vor
~~den~~ der Kirche große Kunststücke
zeigen und sind alle Leute
eingeladen herzlich

Die Leute hätten es auch ohne Gemeindetafel gewußt, aber weil es so der Brauch war und weil er schreiben konnte, schrieb er es immer mit Kreide an die Gemeindetafeln.
Und am Abend war jedermann vor der Kirche, der nicht krank war und das Bett hüten mußte.
Der Bärenmann schlug mit einem Klöppel siebenmal so an den Tiegel, daß er tönte wie ein Gong, und dann schrie er laut und grell: »Meine särr verärrten Anwesenden, de Vorstellung beginnt«, und zum Bären sagte er leise: »Du weißt, erst komm ich dran.«
Er nahm zwei kleine rote Bälle aus der Tasche und fing an, damit zu jonglieren. Da rief manchmal einer von den Bauernburschen: »He, Kunststück, das kann ich auch, genau kann ich das auch!« Aber da zog der Bärenmann einen grünen Ball aus der Tasche und jonglierte mit drei Bällen, und während die drei Bälle durch die Luft wirbelten, griff er abermals blitzschnell in die Hosentasche, und die Kinder frohlockten: »Vier Bälle, vier Bälle.« Bald riefen alle: »Fünf Bälle, fünf Bälle«, und dann sperrten auch die kecksten Bauernburschen Mund und Augen auf: »Seht, sechs Bälle, sechs Bälle!« Als aber der Bärenmann das letzte Mal in die Tasche langte und den siebenten Ball durch die Luft sausen ließ, da war es mit der Ruhe vorbei: »Sieben Bälle, sieben Bälle«, riefen die Leute, »hat man je einen Mann gesehen, der mit sieben Bällen jongliert«, riefen sie, »das ist der Gipfel, das ist der Gipfel, das kann sonst keiner!« Und alle klatschten und johlten und lobten den Bärenmann. Der Bärenmann ließ einen Ball nach dem anderen in seinen Hosentaschen verschwinden, verneigte sich und sagte: »Merci, und das heißt ›danke‹.«

Dann schepperte er wieder mit seinem Gong und rief:
»Därr tanzende Bähhhr!«,
und sagte zum Bären: »Jetzt kommst du!« Er hängte sich die Leier um und kurbelte. Da stellte sich der Bär auf seine Hintertatzen und begann, sich tapsend zu drehen. Erst langsam und schwerfällig, dann immer schneller, und schließlich tanzte er richtig nach der Musik, die aus dem Kasten kam.
»Seht, er tanzt«, flüsterten die Leute, obwohl es jeder genau sehen konnte, »seht, ein tanzender Bär, und seine Augen funkeln.« Die Leute atmeten alle durch den Mund, und der Bär zwinkerte zum Bärenmann hinüber und brummte unauffällig: »Hö, Mann, wie tanz ich heut, gut, hm?« Und der Bärenmann tuschelte unauffällig: »Prima, Brauner, und so harmonisch!«
Wenn die Musik zu Ende war, verbeugten sich der Mann und der Bär, und während das Volk noch lärmte und sich wunderte, reichte der Bärenmann einen Porzellanteller herum, und es muß auch gesagt werden, daß unter den Kupferkreuzern manchmal ein Nickelzehner schimmerte, und daß der Mesmer große Augen machte, als er das sah. Die Kinder aber liefen heim und holten Honig für den Bären.

Am Morgen waren sie wieder auf der Landstraße. Der Mann atmete ruhig; er machte drei Schritte bei jedem Atemzug, und hinter ihm tapste der Bär im Bärentrott. Nie wurde ein Wort gewechselt zwischen den beiden, wenn sie schritten. Der Mann spähte nach dem Horizont, wo sich die Landstraße als ein dünner Strich in der Ferne verlor, und der Bär lauschte dem Schürfen seiner Stiefel. Und selbst bei Donner und Blitz, wenn der Sturm über das Land peitschte und sich alle Kreatur ängstlich in ihren Schlupfwinkeln verbarg, konnte man sehen, wie die zwei unbeirrt ihren Weg fortsetzten. Ruhig und aufrecht und je drei Schritte bei einem Atemzug.

Am Abend saßen sie an der Quelle, und der Mann zündete ein Feuer an und richtete das Essen her. Wenn sie beide satt waren, kratzte der Bär den Mann an der Wade und brummte: »Die Geschichte, Bärenmann!«

Es gibt unendlich viele Sterne, aber von jedem Stern konnte der Mann eine Geschichte erzählen; und der Bär gab nicht eher Ruhe und ließ den Mann nicht eher einschlafen, bis er ihm eine Geschichte erzählt hatte.

Der Mann wartete, bis die Glut unter dem Tiegel erlosch. Dann schlang er die Hände um seine Knie und erzählte ihm die Geschichte von dem schwarzen Bären, der jede Nacht einen Wagen mit vier funkelnden Sternen den Himmel entlangzieht.

Und der Bär saß mucksmäuschenstill und spitzte die Ohren.

Dann sprach der Bärenmann zum lieben Gott: »Lieber Gott, ich blase jetzt für dich und für den Bären noch ein paar Töne auf meinem Horn.« Er sagte immer »ein paar Töne«, obwohl er nur einen einzigen Ton blasen konnte. Er konnte nur einen einzigen Ton blasen, aber er blies ihn so sanft und so schön, daß alle Tiere im Walde den Kopf hoben und lauschten. Der Bär legte seinen Kopf auf seine Vordertatzen und brummte leise, und auch der liebe Gott mußte seine Freude an der schlichten Musik haben, denn der Wald hörte zu rauschen auf, wenn der Bärenmann das Horn blies. War aber der Ton verklungen, dann brachte das Echo eine kleine Melodie, und sie war so klar und so rein wie silberne Perlen.

»Sie ist wieder da«, flüsterte der Mann dem Bären ins Ohr, »hörst du sie?« Der Bär nickte, und sie wagten kaum zu atmen.
Dann legten sie sich nieder und schliefen. Der Mann wärmte sich am Fell des Bären, und die Nacht hüllte sie in einen dichten, schwarzen Mantel.

Die Tage vergingen, und die beiden zogen durch die Dörfer. Der Mann jonglierte mit sieben Bällen, und der Bär tanzte. Und wenn die Dämmerung hereinbrach, blies der Mann einen Ton auf seinem Horn für den Bären und für den lieben Gott, der sein Freund war.
Alle Leute freuten sich, wenn sie kamen.
Nur die Hunde knurrten wütend und zerrten an den Ketten, wenn der Bär vorbeitrottete. Die Hunde im ganzen Land waren neidisch auf den Bären, der tanzen konnte. Aber sie wagten nicht, ihn anzufallen, weil sie seine mächtigen Pratzen fürchteten.

Eines Tages begegneten sie dem Hühnermann, und sie freuten sich sehr, denn sie hatten den Hühnermann seit zehn Jahren nicht mehr gesehen.
Nun saßen sie zu dritt um das Feuer, der Bärenmann, der Hühnermann und der Bär. Als sie sich gesättigt und ihren Durst gelöscht hatten, erzählte der Bärenmann eine neue Sternengeschichte, und dann lauschten sie alle drei der kleinen Melodie. »Hörst du sie«, flüsterte der Bärenmann, »sie kommt jede Nacht, wenn ich ins Horn geblasen habe.« Der Hühnermann machte die Augen zu und legte die Hände wie Muscheln an seine Ohren.
»Ja«, flüsterte er, »ja, ja, ja, ich höre sie auch«, und er strahlte vor Freude.

(aber ganz hoch)

Als sie sich niedergelegt hatten, um zu schlafen, fing der Hühnermann an, leise zu jammern. Der Bärenmann sprach zu ihm: »Ich sehe, du bist traurig und von einer Sorge bedrückt, Bruder.« Da sagte der Hühnermann: »Die Dudas sind im Lande, und sie stehlen die Hühner, überall wo sie hinkommen. Ich bin ein alter Mann; was soll ich tun, wenn sie mir meine Hühner stehlen?«
Doch der Bärenmann antwortete: »Du brauchst dich nicht zu fürchten, Hühnermann. Ich bin stark, und wo ein Bär in der Nähe ist, werden keine Hühner gestohlen!« Da freute sich der Hühnermann, und er hatte keine Angst mehr.
Am nächsten Morgen sahen sie die Dudas auf der Landstraße; den alten Duda, der auf einer rollenden Kugel stehen konnte, und seine zwei Söhne, von denen der ältere mit sechs Bällen jonglieren konnte. Sie hatten vier Weiber, einen Armvoll Kinder und einen Affen, der trommeln konnte. Ihr Wagen war rot und weiß gestreift, und sie hatten auch ein Kamel.
»Wozu brauchen sie ein Kamel?« fragte der Bärenmann den Hühnermann.
Der Hühnermann sagte: »Sie lassen die Leute darauf reiten. Einmal Reiten, vier Kreuzer.« Da murrte der Bärenmann »Halsabschneider, Wucherer«, und erzählte dem Bären und dem lieben Gott, daß der alte Duda für einmal Reiten vier Kreuzer verlangt.
In jener Zeit aber wurde in der Stadt ein großer Jahrmarkt gehalten. Auf den Landstraßen reihte sich Wagen an Wagen, von nah und fern kamen sie, und alle wollten in die Stadt. Die Bauern kamen mit Geräuchertem und Butter und Käs, Roßhändler mit ihren Pferden, Schäfer mit einem Karren voll Wolle, Taubenhändler, Silberschmiede, Trödler und Gaukler, und auch die Dudas und der Hühnermann, der Bärenmann und der Bär reihten sich in den großen Zug.

Das war ein Rasseln und Klappern, ein Wiehern und Blöken, die Peitschen knallten, »Wüa«, schrien die Kutscher und »Vista hott« und »jöh« und »brr«, die Achsen knarrten, die Weiber zankten sich, und dazu brannte die Sonne, und der gelbe Staub legte sich fingerdick auf die Radspeichen, auf die Gäule und auf die Gesichter des fahrenden Volkes.
»Höhö, noch nie so viele Wagen gesehen, Medwietsch, ha?«, sagte der Mann zum Bären, als sie endlich durch die engen Gassen der Stadt rumpelten, und der Bär schüttelte sich den Staub aus dem Fell und brummte: »M, noch nie!«
Am Marktplatz stand Zelt neben Zelt, gelbe, graue und blau-weiß gestreifte. Es gab Schießbuden, Schnapsbuden und solche, wo man für einen Kreuzer eine Meerjungfrau sehen konnte. Dann kamen die Zelte der Gaukler; da gab es Feuerschlucker, Seiltänzer und Chinesen, es gab Zauberkünstler, die aus einem Zylinderhut zwei weiße Tauben hervorzaubern konnten, andere, die ein Hühnerei verschluckten und es dann aus dem Ärmel schüttelten, und wieder andere, die mit zehn Säbeln durch einen Korb stachen, aus dem dann munter und unversehrt eine Jungfrau stieg. Und es gab die Dudas, bei denen man für vier Kreuzer auf einem Kamel reiten konnte, bei denen die Weiber den Leuten ihr Schicksal aus der Hand lasen, ein Mann auf einer rollenden Kugel spazierte, ein Aff die Trommel schlug und ein Bursche mit sechs Bällen jonglierte.

*Ich hab noch die Bänkelsänger vergessen. Bänkelsänger gab es auch.*

Aber es gab nur einen tanzenden Bären, und es gab nur einen Mann, der mit sieben Bällen jonglieren konnte, und das war der Bärenmann.
Die beiden waren im Nu von den Leuten umringt. »Sieben Bälle, sieben Bälle«, riefen sie alle, und »seht, ein tanzender Bär, wahrhaftig, ein tanzender Bär.«
Immer mehr Schaulustige fanden sich ein, und während der Hühnermann sich mit einem weißen Teller durch die Menge drängte und für seine beiden Freunde die Kreuzer einsammelte, wurde es leer um das rot-weiß gestreifte Zelt, wo der Aff die Trommel rührte und die Weiber der Dudas mit den Schellen klimperten, denn alle eilten zum tanzenden Bären.
Der alte Duda fluchte Stein und Bein, und er schickte seinen ältesten Sohn aus, um den Bärenmann herauszufordern. Als das Volk wieder rief: »Seht, sieben Bälle, sieben Bälle, das kann sonst keiner, das kann nur der Bärenmann!«, da drängte sich der Duda vor und lachte schallend: »Hähähä, Kunststück, ich kann das auch, ich jongliere mit sieben Bällen, ohne mit der Wimper zu zucken!«
»Du lügst«, brüllte der Bärenmann, »tritt vor und zeig uns deine Kunst, damit wir dir glauben können!«
»Jawohl«, schrien die Leute, »jawohl, er soll es uns zeigen, wir wollen es sehen!« Da stieg der Duda auf eine Kiste und schrie: »He, ihr Leute, kommt alle mit mir zum rot-weiß gestreiften Zelt, dort will ich mich neben den Bärenmann stellen und neben ihm mit sieben Bällen jonglieren!«
»Geh hin«, schrien die Leute, »geh hinüber, Bärenmann«, riefen sie, »wir wollen sehen, ob er die Wahrheit spricht!« »Hast du's gehört«, sagte der Bärenmann zum lieben Gott, »hast du's gehört, Bär, hast du's gehört, Hühner-

mann«, sagte er, »ein hinterlistiger Schuft, dieser Duda«, knirschte er zwischen den Zähnen. Und als das Volk drängte und johlte und die Burschen ihn einen Feigling hießen, nahm der Bärenmann seine sieben Bälle und ging zum Zelt der Dudas hinüber. Die beiden Männer stellten sich breitbeinig nebeneinander und prüften noch einmal, ob die Bälle locker in der Tasche saßen. Der alte Duda rieb sich die Hände und lachte hämisch, denn er hatte noch nie so eine Menge Volks vor seinem Zelt gehabt.

»Los, fangt an, Männer«, rief ein Metzger, »fangt an!«

Da wirbelten je zwei Bälle durch die Luft, und die Leute sagten: »Zwei Bälle, zwei Bälle.« Dann waren es drei, vier, »fünf Bälle«, riefen die Leute, »sechs Bälle, jawohl, sechs Bälle!« Dann griffen die beiden Männer zum siebenten Male blitzschnell in ihre Hosentaschen, und alles schrie und lobte: »Sieben Bälle, er hat die Wahrheit gesprochen, sieben Bälle. Bravo, bravo, sieben Bälle!«

Der Bärenmann aber wurde blaß vor Zorn und sagte leise: »Lieber Gott, jetzt steh mir bei!« Denn der Duda hatte den siebenten Ball aus der Tasche blitzartig zum Bärenmann hinüberfliegen lassen, und es war so, daß der Duda mit sechs Bällen jonglierte, der Bärenmann aber mit acht, und außer dem lieben Gott und dem Bärenmann und dem Duda wußte niemand davon. »Er hat mir eine Falle gestellt, der Halunke«, sagte der Bärenmann leise zum lieben Gott. »Gleich wird er mir noch einen Ball herüberwerfen, dann bin ich verloren.«

Der Bärenmann trat mitsamt den wirbelnden Bällen vorsichtig vier Schritte auf die Seite, dann wandte er sich an das Volk und rief: »He, ihr Leute, zählt die Bälle, zählt sie genau!«

Als die Leute gezählt hatten und den Betrug erkannten, wurden sie wütend und aufgeregt. »Betrüger«, schrien sie und zeigten auf den Sohn des Duda, »Halunke, Schuft, Falschspieler, wir wollen unsere Kreuzer wiederhaben«, schrien sie, »Gauner, Dieb, Spitzbube«, schrien sie und stürzten sich auf das Zelt, und wäre es dem Burschen nicht zuvor gelungen, schnel curch eine Hintertür zu entwischen, sie hätten ihn windelweich geschlagen!
Der Bärenmann aber schob seine Bälle in die Tasche, spuckte auf den Boden und ging. Stolz wie ein König, ruhig und aufrecht und je drei Schritte bei einem Atemzug. Und die Leute folgten ihm ehrfurchtsvoll.

Der alte Duda tobte, als es um sein Zelt wieder leer wurde; seine Weiber verbargen sich in ihrem rot-weiß gestreiften Wagen, und der Affe verzog sich aufs Dach und trommelte langsam und gleichmäßig, denn er kümmerte sich nicht um Lug und Trug. Der Bärenmann erzählte seinem Bären und dem Hühnermann von dem Betrug der Dudas und wie ihm der liebe Gott geholfen hatte. Und die Leute drängten sich wieder um den tanzenden Bären, und der Strumpf füllte sich mit Kupfer und Nickel.

Dann ging plötzlich ein Tuscheln durch die Menge, und die Leute flüsterten sich gegenseitig ins Ohr, und dann rannten sie alle wie irrsinnig zum Zelt des alten Duda, und um den tanzenden Bären gähnte der leere Platz.
Denn vor dem rot-weiß gestreiften Zelt tanzten die Weiber der Dudas, und sie hatten nichts an als ihre schmutzigen roten Röcke. Die Leute starrten und gafften und renkten sich die Hälse aus, und sie sahen sich alles ganz genau an.

Der alte Duda knallte mit einer Hundepeitsche den Takt, und seine Söhne mischten sich unter die Menge und zogen den Gaffern die Kreuzer aus den Taschen. Und das Geschäft ging gut.
Nicht weit davon stand der Bärenmann vor dem Hühnerhaus und jonglierte mit sieben Bällen. Aber außer dem lieben Gott bestand sein Publikum nur aus dem Bären, dem Hühnermann und zwei Katzen. Und das ist sehr wenig für einen Mann, der mit sieben Bällen jonglieren kann.
Da trottete der Bär zu ihm hin und brummte: »Das Horn, Mann, das Horn!«
Und es geschah nun, daß die Gaffer vor dem rot-weiß gestreiften Zelt mitten in das Gerassel und Geklimper der nackten Tanzweiber hinein einen sanften Ton hörten, so schön, daß alle wie verzaubert nach dem Ton Ausschau hielten und lauschten, und dann war eine kleine Melodie in der Luft, und sie war so rein und so klar wie silberne Perlen. Da drehten sich die Tanzweiber um und schämten sich, und während der alte Duda fluchte und tobte und der Aff die Trommel schlug, wandten sich die Leute vom rot-weiß gestreiften Zelt und scharten sich um den Mann und den Bären. Und dabei blieb es den ganzen Tag.

Am Abend zählten die Gaukler ihre Kreuzer, und hinter den Schießbuden kroch ein bleicher Mond hervor. Der Ruf des Kauzes zog über die Zelte, und zwischen den Rädern und Deichseln huschten die Katzen, und die Gaukler schliefen. In dieser Stunde spitzte der Bock des Hühnermanns die Ohren, schnaufte und scharrte mit dem rechten Vorderbein. Davon wurde der Hühnermann wach. Der Hühnermann zog den Bärenmann am Ärmel und flüsterte:

»He, Bärenmann, mein Bock hat mit dem rechten Vorderbein gescharrt. He, Bärenmann«, sagte er und zitterte, »meinst du, daß jemand meine Hühner rauben will?« »Du brauchst keine Angst zu haben«, sprach der Bärenmann, und »wo ein Bär ist, werden keine Hühner gestohlen, das kannst du mir glauben.«
Aber auch der Bär knurrte und spitzte die Ohren. Da beschlossen die drei zu wachen. Als der Kauz achtzehnmal gerufen hatte, sahen sie drei Männer über die Wiese auf sich zukommen. Sie kamen gebückt herangeschlichen, und als sie nahegekommen waren, erkannten sie den alten Duda mit seinen zwei Söhnen. »Es ist der alte Duda mit seinen zwei Söhnen«, sagte der Bärenmann leise zu seinen Freunden, »und mich laust der Affe, wenn der alte Gauner nicht etwas Böses gegen uns im Schilde führt.« Dann sah der Bärenmann, daß der alte Duda eine lederne Hundepeitsche in der Hand hielt und daß von seinen beiden Söhnen der eine eine Keule trug und der andere einen blanken Säbel. »Aber sie haben keinen Sack dabei«, dachte er, »wenn man Hühner stehlen geht, hat man einen Sack dabei.«
Da flüsterte der Bärenmann zum lieben Gott: »Es wird einen wilden Tanz geben, steh uns bei.«
Der alte Duda stieß einen Fluch zwischen den Zähnen hervor, als er den Bärenmann und seine Freunde wach fand. Er stellte sich vier Schritte vor ihnen auf, rollte mit den Augen und sagte grollend: »Das Horn!«
Der Bär legte seine Ohren an und fauchte.
»Das Horn«, forderte der alte Duda mit schneidender Stimme. »Wenn euch euer Leben lieb ist«, ergänzte der eine Duda-Sohn und hob die Keule; der

dritte Duda schrieb mit dem Säbel Kreise in die Luft und spottete: »Oder glaubst du vielleicht, wir fürchten uns vor einem windigen Bären, hä?«
Der Bärenmann sagte kein Wort, aber er wandte kein Auge von dem Herausforderer.
»Ich zähle bis drei!« schrie der alte Duda. »Eins« – der Bär duckte sich.
»Zwei« – der Bärenmann griff nach dem eisernen Tiegel.
»Drei! Fahr zur Hölle«, donnerte der alte Duda.
Er ließ die Peitsche sausen und traf den Bären an seiner empfindlichsten Stelle, da, wo ihm der Ring durch die Nase gezogen war. Der Bär heulte auf und krümmte sich vor Schmerz, aber bevor der alte Duda zu einem neuen Hieb ausholen konnte, stürzte er sich brüllend auf seinen Peiniger und zerfetzte ihm Haut und Kleider. Der zweite Duda sprang hinzu und schwang seine Keule über dem Bären, doch der Bärenmann schmetterte ihm den Tiegel an den Arm. Der Hühnermann griff mit den bloßen Händen in die glühende Asche und streute sie dem dritten Duda ins Gesicht; »Gottverdammich, ich kann nichts sehen, ich kann nichts sehen!« fluchte der und hieb wie ein Rasender mit seinem Säbel um sich, »komm her, Satan, und hilf mir!« Da wurde er vom Bären angefallen und mußte um sein Leben kämpfen. Die Dudas wehrten sich verzweifelt und schlugen und würgten mit aller Kraft, die einem ausgewachsenen Straßenräuber innewohnt, aber der Bärenmann und der Bär waren stärker. Als der zweite Duda am Boden lag und der Bärenmann auf seiner Brust kniete, flehte er um Gnade und jammerte: »Ich schwöre bei allen Sternen des Himmels, daß die Dudas nichts mit euch zu schaffen haben werden, solange ich lebe.«
Da ließ der Bärenmann den Besiegten frei und bändigte den Bären.

Das hier ist die Kampfszene.

Zerschunden und zerschlagen und ohne ein Wort zu sprechen schleppten sich die drei Dudas davon. Sie haßten den Mann und den Bären wie die Pest, aber noch mehr fürchteten sie ihn, und deshalb wurde der Schwur nicht gebrochen, solange sie lebten.
Der Bärenmann legte heilende Kräuter auf seine Wunden und die Wunden seiner Freunde, und der Hühnermann ging zur Quelle, um sich die verbrannten Hände zu kühlen. Dann dankten sie dem lieben Gott und legten sich zur Ruhe, und der Kauz rief, und die Sterne funkelten, als wäre überhaupt nichts geschehen.
Sie zogen jetzt zu dritt auf der Landstraße, der Bärenmann, der Bär und der Hühnermann.
Und die Tage wurden länger und die Nächte kürzer, und als der Mond zum vierten Male zu einer vollen Scheibe geworden war, schnitten die Bauern den Weizen. Da nahm der Hühnermann Abschied von seinen Freunden und zog mit seinen Hühnern in die Felder.

Der Winter kam, und die Bauern und die Burschen versammelten sich auf den gefrorenen Seen beim Eisstockschießen.

Es kam die Zeit der hellen Dächer, die Apfelbäume blühten, und die bunten Vögel kamen aus Afrika.

Es kam der weiße Staub auf der Landstraße, und die Grillen zirpten, und die Bauern zogen aus, um das Korn zu schneiden.

Es kam die Zeit, wo hunderttausend kleine Spinnen das Land verzaubern, und die bunten Vögel flogen wieder nach Afrika,
und die Blätter starben, und die Kartoffelfeuer brannten. Es kamen die kalten Morgen und der Reif und das Windeis über den Pfützen, und der Sturm kam und der Schnee und ein neuer Winter.

Hier zertreten sie gerade das Windeis

Die Jahre vergingen, und die Schößlinge, die die Bauern in ihren Gärten gepflanzt hatten, als der Mann und der Bär zum ersten Male durch ihr Dorf zogen, waren richtige Bäume und trugen Früchte, als er zum zweiten Male kam.
Dann kamen die Automobile.
Zuerst waren es nur ganz wenige, und die Männer schwenkten die Hüte, wenn sie am Bärenmann vorbeifuhren und am Bären.
Aber es wurden immer mehr, sie wurden immer größer, sie rauchten und donnerten und fuhren immer schneller.

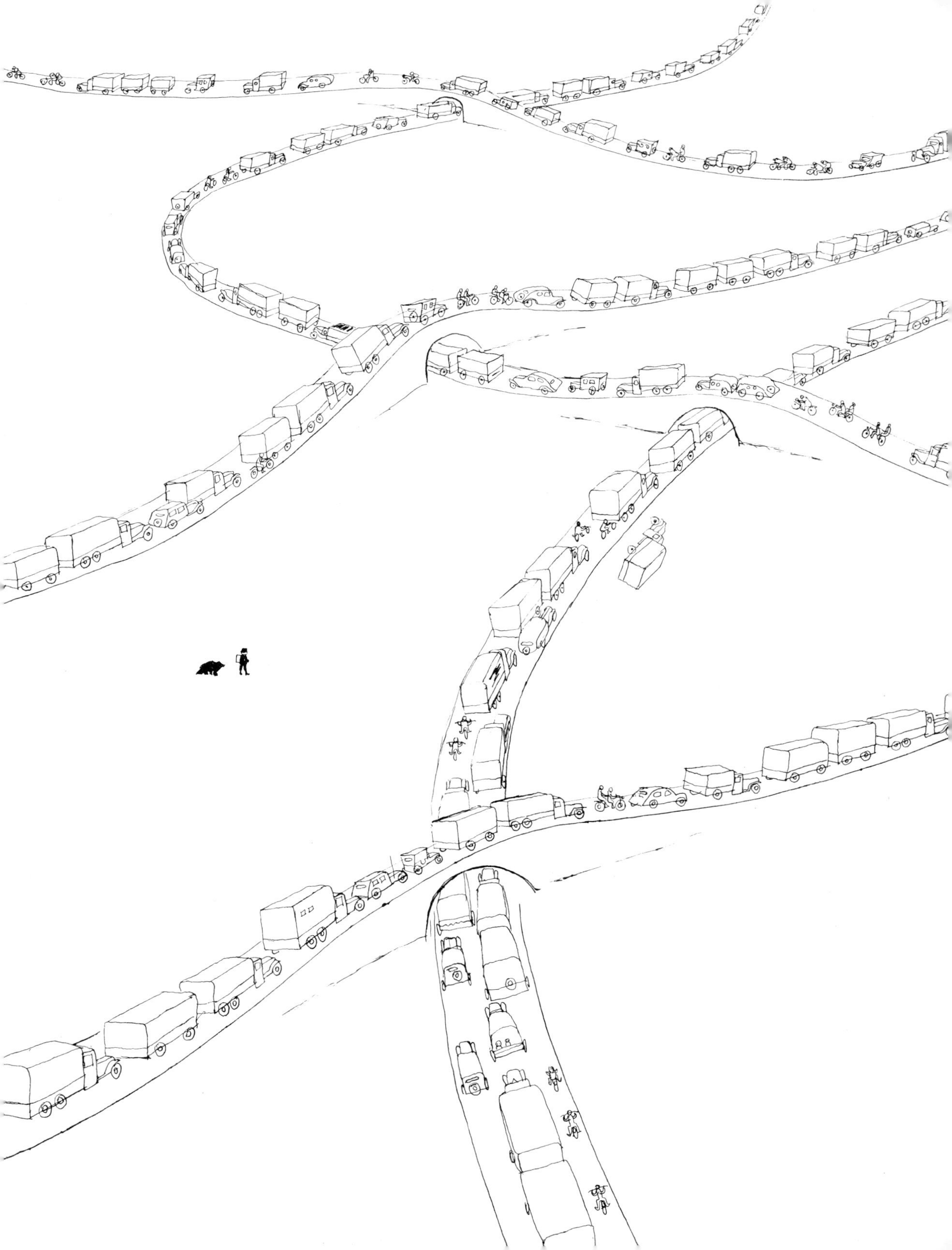

Bald war kein Platz mehr auf den Straßen für die Gaukler, und sie zogen nur noch auf den kleinen Wegen durch die Felder.

Der alte Duda war gestorben, sein älterer Sohn, der mit sechs Bällen jonglieren konnte, erlernte ein Handwerk, baute sich ein Haus und wurde seßhaft. Der dritte Duda durchstreifte das Land als ein Strauchdieb und mußte den Rest seines Lebens bei Wasser und Brot verbringen.

Die Sonne, der Sturm und der Regen hatten tausend Risse und Falten in das Gesicht des Bärenmannes gegraben, und sein Haar wurde schlohweiß. Aber immer noch sah man den Mann und den Bären ihren Weg machen, aufrecht und ungebeugt, und je drei Schritte bei einem Atemzug.

Es gibt bei uns eine Zeit, in der das Land wie unter einem Alpdruck liegt. Das sind die Tage zwischen den letzten grimmigen Frösten des Winters und der Zeit der hellen Dächer. Dann kommen die warmen Winde von den Bergen, sie pfeifen und gurgeln und zerren an den Dächern, und die alten Stämme ächzen und knarren unter der schorfen Rinde. Am Horizont flackert ein grünes Licht, und der Sturm peitscht die schmutzigen Wolken herunter bis auf die grauen Schneefelder. In jenen Nächten verriegeln die Bauern ihre Häuser und Stalltüren, damit die Hexen nicht eindringen und Unheil bringen über Mensch und Vieh, und kein Mensch wagt sich auf die Straße.

Der Mann und der Bär stapften durch den braunen Schnee und hielten Ausschau nach einer trockenen Feldscheune, denn der Regen drang ihnen durch Fell und Jacke bis auf die nackte Haut. Es war kalt, und in allen Dörfern heulten die Kettenhunde. Der Bär knurrte; manchmal hielt er in seinem Trott inne, spähte und lauschte nach allen Seiten und wollte keinen Schritt mehr weitergehen.

Als sie an einer Straßenbiegung zurückblickten, sahen sie, daß ihnen ein kleiner Hund folgte. An der nächsten Biegung folgten ihnen sechs Hunde. Und die Augen des Bären funkelten bösartig.

Der Bärenmann schleuderte einen Stein in die Meute. Die Köter sprangen zurück, aber sie kamen wieder und folgten den beiden lautlos auf Schritt und Tritt.
Es kamen immer mehr Hunde, sie kamen aus den Gehöften, aus den Wäldern und hinter den Büschen hervor. Bei Gott, das war ein seltsamer Zug, den der Bärenmann anführte. Manchmal erstarb das Gurgeln des Windes für einige Augenblicke; dann konnten der Mann und der Bär den hechelnden Atem der Hunde hören, und sie sahen, wie ihnen die Zungen aus den Mäulern hingen und wie sie die Zähne fletschten.
»Sie haben sich alle gegen uns verschworen«, brummte der Bär. Er drehte sich nach den Hunden um, spreizte die Hintertatzen, duckte sich nach vorn und legte die Ohren an. Da wußte der Bärenmann, daß es einen mörderischen Kampf geben würde, und er erzählte es dem lieben Gott.
Der Mann setzte das Horn an, und als der sanfte Ton im Pfeifen des Windes mitschwang, standen die Hunde wie zu Stein erstarrt, nur ihre grünen Augen hafteten am Horn des Bärenmannes, als wollten sie ihm das Horn mit den Augen entreißen. Solange der Mann in das Horn blies, rührte sich die Meute um keinen Zoll. Aber allmählich drang der Regen in das Horn, und der Ton wurde leiser und leiser.
Als das Horn verstummt war, griff der erste Hund an. Die Pranke des Bären zerbrach ihm das Rückgrat mit einem einzigen Schlag, und den folgenden ging es nicht anders. Sie griffen immer einzeln an, ohne einen Laut von sich zu geben, und sie röchelten leise, wenn sie starben. Der Bärenmann erschauerte. »Heeh, hooh«, rief er, so laut er konnte, und schwang seinen eisernen Tiegel.

Als hätte sie nur auf ein Zauberwort gewartet, stürzte sich die ganze Meute mit wildem Geheul auf den Mann und den Bären. Der Mann stellte sich an einen Baum, um den Rücken frei zu haben, und sein eiserner Tiegel zer-

schmetterte jedem Hund den Schädel, der ihm an die Kehle wollte; der Bär schlug den Angreifern seine Zähne in den Leib, seine Pratzen hielten blutige Ernte, und wenn sie sich in seinem Fell verbissen hatten, rollte er sich am Boden und zerdrückte ihre Körper unter seinem mächtigen Gewicht. Aber für jeden erschlagenen Hund stürzten sich drei neue Köter in den Kampf, und während die Kräfte des Bären und des Mannes langsam erlahmten, wurde die Zahl der Angreifer immer größer.
Bis weit ins Land hinein hörte man den Lärm des ungleichen Kampfes, das Geheul der Meute, das Brüllen des Bären und das dumpfe Krachen, wenn der Bärenmann mit dem eisernen Tiegel zuschlug. Als die Bauern mit eisernen Stangen und Äxten heranrückten und die Meute auseinandersprengten, waren der Mann und der Bär am Ende ihrer Kräfte. Der Mann lehnte keuchend am Baum, und die Flanken des Bären bluteten. Aber sie waren am Leben geblieben.
Von diesem Tage an sahen die Leute, daß die Schultern des Bärenmannes etwas gebeugt waren, als hätte er ständig eine schwere Last zu tragen. Auch hielt er öfter in seinem Wege inne und sprach mit seinem Freund, dem lieben Gott, oder er stieß den Bären an, zeigte ins Land ringsum und sprach: »Siehst du alles, Brauner, wie schön das ist, wie weit und wie schön!«
»Weiß ich«, brummte der Bär und wunderte sich, »hast du schon hundertmal gesagt.« Als die Bäume blühten, saß der alte Bärenmann jeden Tag, bis die Sonne unterging, auf einem Stein und freute sich. »He, Bärenmann, sie blühen jedes Jahr, es ist immer dasselbe. Warum gehen wir nicht weiter?« fragte der Bär. Aber der Bärenmann entgegnete: »Diesmal sind sie am schönsten. Sie haben noch nie so schön geblüht.«

Am Abend lagerten sie an einer Quelle. Nach der Geschichte lauschten sie der kleinen Melodie, und dann nahm der Bärenmann das Horn und hängte es dem Bären mit einer silbernen Kette um den Hals.
»Es wird dir Glück bringen«, sagte er, »bestimmt wird es dir Glück bringen.« Es war eine warme Nacht; der Gesang der Frösche kam aus allen Tümpeln, und die schwarzen Käfer surrten von Stamm zu Stamm. Aber dann wurde es so still, daß man die Sternschnuppen rauschen hörte. Und als der Bär schlief, sprach der Mann noch lange mit seinem Freund, dem lieben Gott. Am Morgen schüttelte sich der Bär die Tautropfen aus dem Fell, stieß den Mann mit der Schnauze an und brummte: »Aufstehen, die Sonne scheint!« Der Bärenmann rührte sich nicht. Da zog er ihn an den Beinen und brummte: »Bärenmann, die Sonne scheint, die Sonne scheint!« Der Bärenmann bewegte sich nicht.
Der Bär wunderte sich, in seinem ganzen Bärenleben war es ihm noch nicht vorgekommen, daß der Bärenmann so fest schlief. Er kratzte den Mann an der Wade und brummte: »Die Geschichte, Bärenmann, die Geschichte.« Der Mann antwortete nicht. Da richtete der Bär sich auf und fing an zu tanzen. Er tanzte in einem Kreis um den Mann herum, wie auf den Jahrmärkten. »Wie tanz ich, Mann, gut, hö?« brummte er dabei und dachte, der Mann würde jetzt mit den Augen zwinkern und antworten: »Prima, Medwietsch, und so harmonisch!« Aber der Mann schwieg. »Ich gehe allein weiter«, brummte der Bär schließlich barsch. Er zottelte los, denn er wußte, der Mann würde ihn nicht allein ziehen lassen. Manchmal blieb er stehen und lauschte nach dem schlürfenden Schritt des Bärenmannes. Nach einer halben Wegmeile wandte sich der Bär um und spähte den Weg zurück. Aber der Mann war ihm nicht gefolgt.

Da trottete der Bär wieder zurück. Er setzte sich neben seinen Freund und bewachte seinen Schlaf, und auch als der Hunger in ihm tobte und der Durst ihm die Kehle austrocknete, wich er keinen Schritt von seiner Seite. Er legte den Kopf auf seine Vordertatzen und brummte traurig.

Am dritten Tage kam der Briefträger vorbei. »Guten Morgen, Bärenmann«, rief er, »schön warm heute, hä?« und kam zur Quelle, um mit ihm zu plaudern. Als er näher gekommen war, sah er, daß der Bärenmann tot war und der Bär halb verhungert. Da lief der Briefträger ins Dorf und erzählte es dem Bürgermeister und allen Bauern, und alle Leute gingen zur Quelle hinaus und sahen, daß der Bärenmann tot war. Die Kinder brachten dem Bären Futter, und der Schreiner zimmerte einen Sarg mit sieben silbernen Knöpfen auf dem Deckel.

Sie begruben den Bärenmann auf dem Friedhof an der Landstraße, die seine Heimat war, und da sie wußten, daß er ein frommer Mann gewesen, schlugen sie in einen Stein die Inschrift:

Hier ruhet begraben der Bärenmann.
Durchzog das Land als ein gottesfürchtiger Mann,
konnte mit sieben Bällen jonglieren,
war ein Freund der Kinder und aller guten Leut.
Gott hab ihn selig. Amen.

Und noch lange war in diesem Lande die Rede von jenem merkwürdigen Leichenzug, in dem ein Bär mit einem Horn um den Hals hinter dem Sarg herzottelte und dem eine so große Schar von Kindern folgte, daß es auf dem Friedhof kaum noch einen Platz gab für die großen Leute.

Alsdann führten sie den Bären ins Spritzenhaus und schlugen Schloß und Riegel vor die Tür. Die Ältesten der Bauern versammelten sich beim Bürgermeister, um Rat zu halten. Als erster nahm der Bürgermeister das Wort und sprach: »Freunde, es hat sich ereignet, daß der Bärenmann gestorben – Gott hab ihn selig – und sein Bär zu verschenken ist. Der Bär ist ein gutes Tier, er ist stark und kann einem Bauern wohl von Nutzen sein. Es hebe jeder die rechte Hand, so den Bären in seinem Stall aufnehmen will.«

Es fand sich aber niemand, der gewillt war, einen Bären in seinem Stall zu haben, und deshalb wurde auch keine rechte Hand erhoben.

»Was nützt uns ein Bär«, riefen die Bauern. »Gibt er vielleicht Milch wie eine Kuh?« sprachen sie. »Oder hat man je einen Bären vor einem Pflug gesehen, wie einen Ochsen?« – »Nein«, sprachen sie, »ein Bär ist einem Bauern zu nichts nutze!« Da sagte der Bürgermeister: »Ihr könnt ihn an die Kette legen, wie einen Hund, daß er Haus und Hof bewacht.«

Die Bauern aber entgegneten: „Dazu frisset er zuviel. Ein Bär frißt fünfmal soviel wie ein Kettenhund, das muß man bedenken!«

Als am nächsten Tag elf Zigeuner durch das Dorf zogen, verschacherten die Bauern den Bären für 15 Ellen Wolltuch an die Zigeuner.

Der Bär wurde an eine eiserne Kette gehängt und mußte zwischen zwei räudigen, ausgemergelten Kötern hinter dem Zigeunerwagen hertrotten. Wenn er vor Müdigkeit nicht mehr weiterkonnte, zerrten die Zigeuner an der Kette, daß ihm der Nasenring wie ein glühendes Eisen ins Fleisch schnitt, oder sie schlugen ihn mit einer Peitsche auf den Rücken. Dabei litt er Hunger und Durst, und den Honig, den ihm die Kinder brachten, vernaschten die Zigeunerweiber, und der Bär bekam nicht einen einzigen Tropfen davon. Aber noch immer hing die silberne Kette mit dem Horn des Bärenmannes um seinen Hals. Er schlug wütend mit den Pratzen zu, wenn jemand seine Hand danach ausstreckte.

Daß der Bär hinter dem Zigeunerwagen nicht an Hunger und Schmerzen zugrunde ging, verdankte er Joscho, der sein Freund war. Jede Nacht, wenn die Zigeuner schliefen, schlich sich Joscho zum Bären. Er kühlte seine Wunden mit Kräutern, er stahl für ihn Brot und Honig, und er brachte ihm Wasser zum Trinken. In den kalten Nächten lagen sie beide unter dem Wagen, und Joscho wärmte sich am Pelz des Bären und erzählte ihm von fremden Ländern, durch die die Zigeuner gezogen waren. Einmal sagte er: »Du mußt bedenken, daß die Bären nicht dazu geboren sind, an der Kette hinter einem Wagen herzutrotten.

Hinter den Gebirgen, wo am Morgen die Sonne aufgeht, ist das Land der großen Wälder. Im Land der großen Wälder aber leben die wilden Bären. Sie sind den ganzen Tag auf der Jagd. Am Abend steigen sie zu den Flüssen hinunter und löschen ihren Durst, und nachts schlafen sie in Felsenhöhlen. Im Frühling spielen sie miteinander auf den großen Wiesen, und dann kommen die Bärenkinder auf die Welt, so groß wie ein kleiner Hund und so lustig wie ein bunter Vogel.«

»Ich war noch nie im Land der großen Wälder«, sagte der Bär. Joscho sagte: »Alle Bären stammen aus dem Land der großen Wälder, aber manchmal kommen die Menschen in die großen Wälder und verbergen sich in den Büschen vor der Höhle eines Bären. Wenn der Bär am Abend zum Fluß hinuntersteigt, dringen sie in die Höhle ein und rauben die Bärenkinder. Sie bohren ihnen einen eisernen Ring durch die Nase und hängen sie an eine Kette. Dann reißen sie die Kette nach oben, und weil die kleinen Bären den Schmerz nicht ertragen können, stellen sie sich auf die Hinterpfoten. So lernen sie auf zwei Beinen zu gehen. Wenn sie auf zwei Beinen gehen können, werden sie auf eine heiße Eisenplatte geführt. Damit sie sich nicht die Sohlen verbrennen, müssen sie immer von einem Bein auf das andere hüpfen.

Dazu spielt die Musik, und so lernen sie tanzen. Später müssen sie immer tanzen, wenn sie Musik hören, weil sie denken, sie verbrennen sich sonst die Sohlen. Wenn sie groß sind, werden sie an einen Bärenmann verkauft. Dann haben sie das Land der großen Wälder vergessen und denken, daß es für einen Bären nichts anderes auf der Welt gibt, als an einer Kette geführt zu werden und zu tanzen.«
»Ich mußte nicht an einer Kette gehen; der Bärenmann gab mir Honig und erzählte mir jeden Abend die Geschichte von einem Stern«, sagte der Bär. »Ich hatte es gut«, sagte er, »aber jetzt will ich in das Land der großen Wälder!«
Da löste Joscho die Kette und ließ den Bären frei. »Leb wohl«, sagte er leise, und »du mußt vorsichtig sein, sie werden dich suchen. Du mußt dich bei Tage im Gebüsch verstecken.«
Wie auf Samtpfoten verschwand der Bär in der Nacht, und er sah, daß der schwarze Bär wieder den Sternenwagen zog, er hörte den Kauz rufen, und die Luft war rein und schmeckte nach Laub.
Der Weg in das Land der großen Wälder war weit und gefährlich. Der Bär mußte durch Flüsse schwimmen und über schroffe Gebirge klettern. In den Regenzeiten, wenn die Sonne nicht aufging, verirrte sich der Bär. Manchmal stürzte er in eine Schlucht oder drohte im Schneesturm zu ersticken. Oft war er dem Verhungern nahe, und viermal wurde er von den Jägern gehetzt und hörte die Kugeln um sich pfeifen.
Aber als die bunten Vögel wieder aus Afrika kamen, da war der Bär im Land der großen Wälder. Er ging zu den wilden Bären und sagte: »Ich heiße Medwietsch, und ich bin ein Tanzbär. Ich bin von den Zigeunern entflohen. Zeigt

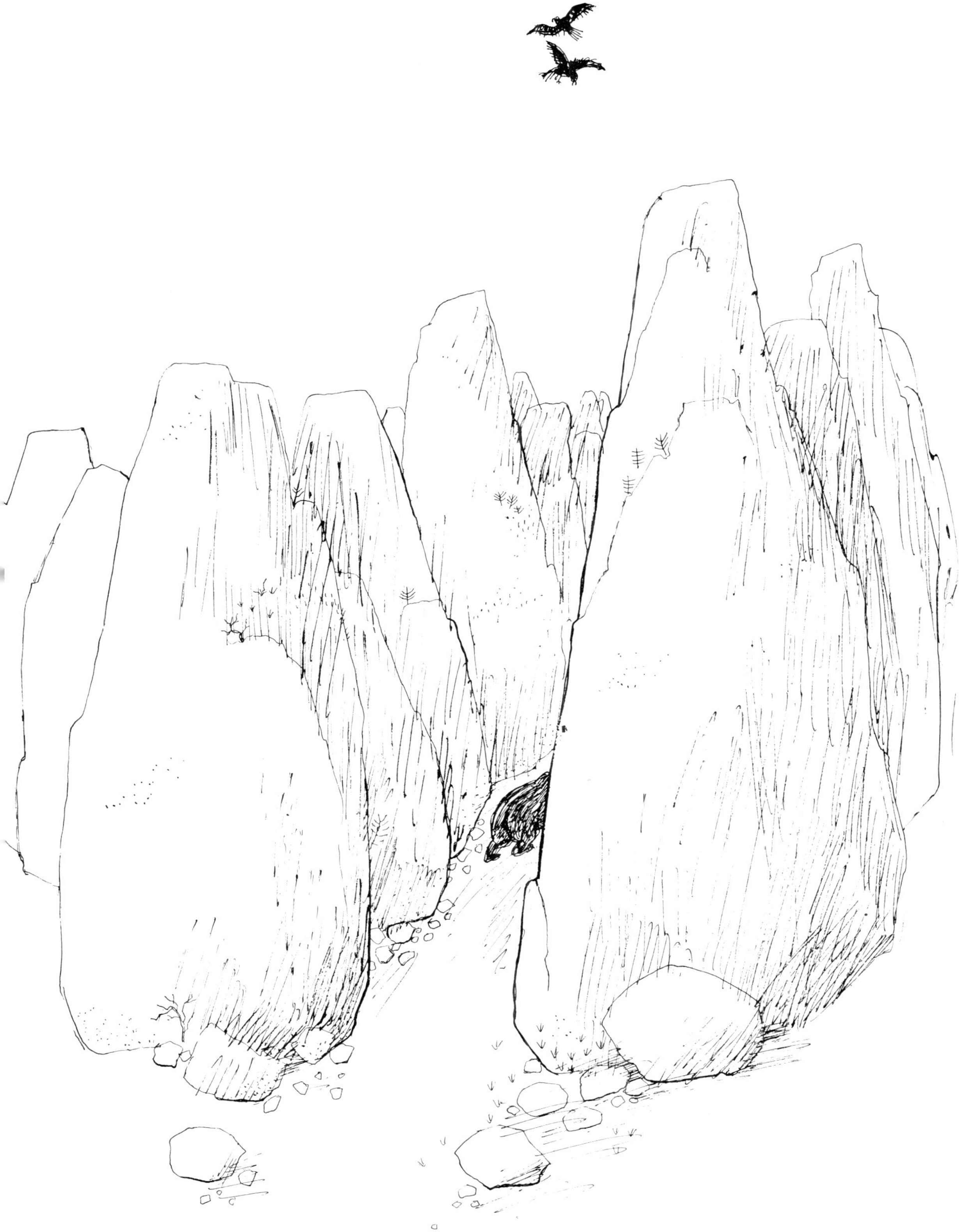

mir eine Höhle, wo ich schlafen kann!« Doch ehe die wilden Bären antworten konnten, eiferte eine uralte Bärin giftig: »Traut ihm nicht, er hat einen eisernen Ring durch die Nase. Er steht im Dienste der Menschen, er soll unsere Höhlen auskundschaften, traut ihm nicht!«
Da brummten auch die anderen wilden Bären: »Wir trauen dir nicht, du hast einen eisernen Ring durch die Nase, du stehst im Dienste der Menschen!«
»Er soll den eisernen Ring abstreifen und zeigen, daß er ein Bär ist wie wir«, keifte die alte Bärin wieder.
Und auch die anderen wilden Bären sprachen: »Streif deinen eisernen Ring ab, damit wir sehen, daß du ein richtiger Bär bist wie wir.«
»Ich kann ihn nicht abstreifen«, entgegnete Medwietsch, »die Menschen haben mir das Eisen durch die Nase gebohrt und zusammengeschmiedet, als ich noch ganz klein war und meiner Mutter geraubt wurde!«
»Das kann jeder sagen«, brummten die wilden Bären, »jedenfalls hast du einen eisernen Ring durch die Nase und stehst im Dienste der Menschen. Wir wollen mit dir nichts zu schaffen haben.« Sie ließen ihn stehen und gingen ihrer Wege.
Der Bär war traurig, denn er wußte, daß es ihm niemals gelingen würde, den eisernen Ring abzustreifen.

Er irrte durch die Wälder als ein freier wilder Bär, er brauchte keinen Hunger zu leiden, und es gab niemanden, der kam, um ihn an die Kette zu legen. Aber er hatte keine Felsenhöhle, in der er Schutz fand vor Regen und Sturm, und er war verachtet von allen wilden Bären.

Und weil er immer allein war, zog es ihn wieder zu den Menschen hin, und er stand oft am Waldrand und sah den Bauern auf den Feldern zu.
Und als der Sommer kam und die Bauern das Korn schnitten, sah er, wie sie ihre Sensen mit gelben Steinen wetzten.
Da machte er sich auf die Suche nach einem gelben Felsen.
Der Bär rieb Tag und Nacht unermüdlich seinen eisernen Nasenring am gelben Felsen, und nur selten gönnte er sich eine kurze Rast. Aber am zwölften Tage war das Eisen durchgewetzt, und er konnte den Ring abstreifen.
Jetzt, da er aussah wie ein richtiger Bär, ging er zum zweiten Male zu den wilden Bären, und als sie sahen, daß er den Ring abgestreift hatte, zählten sie ihn zu ihresgleichen und zeigten ihm eine Höhle, in der er wohnen konnte. Zwar murrte die alte Bärin immer noch: »Er hat noch eine Kette mit einem Horn um den Hals, ein richtiger Bär hat keine Kette mit einem Horn um den Hals!«, doch diesmal hörte keiner mehr auf sie.
Es war ein herrliches Bärenleben, das der Tanzbär mit seinen zottigen Gesellen führte. Sie jagten und naschten und tollten durch die Wälder, und am Sonntag lagen sie alle auf ihrer Bärenhaut und ließen sich von der Sonne braten, und wenn sie gerade Lust hatten, legten sie sich auch werktags auf die Bärenhaut.
Aber obwohl er lebte wie im Paradies, konnte er den Bärenmann doch nicht vergessen, und er träumte oft von den Jahrmärkten und von der kleinen Melodie. Manchmal schlich er sich an die Landstraße, spähte nach rechts und links und trottete dann meilenweit durch den weißen Staub, und dann war es ihm, als hörte er vor sich die schlürfenden Schritte des Bärenmanns.

Und im Winter hatte er solche Sehnsucht nach den Menschen, daß er sich bis an den Rand eines Dorfes wagte, um die Glocken läuten zu hören und um die Kinder zu sehen.
In dieser Zeit war es aber geschehen, daß die Wölfe in den Pferch eingedrungen waren und die Schafe zerrissen, und alle Männer des Dorfes suchten mit Hunden und Fackeln nach der Spur der Räuber.
Der Wind hatte die Wolfsspuren längst verweht, aber als die Männer an den Waldrand kamen, sahen sie die Fußstapfen des Bären.
Da luden sie ihre Flinten mit Pulver und Blei, zündeten neue Fackeln an und folgten in langer Reihe den Fußstapfen des Bären.
Als der Morgen graute, standen sie vor seiner Höhle. Das Gekläff der Hunde weckte den Bären aus dem Schlaf, und bald hörte er auch die Stimmen der Männer. Nichts hätte aber seine Wut mehr reizen können als das Gebell einer Hundemeute. Knurrend kauerte er sich hinter den Eingang seiner Höhle, und als die Hunde eindrangen, zerriß er sie mit seinen Pratzen.
»Mörder«, riefen die Männer, »Mörder, du hast unsere Schafe gerissen und unsere Hunde getötet, das sollst du uns büßen«, schrien sie.
Da richtete sich der Bär auf und trat vor die Höhle. »Männer«, brummte er, »ich habe keine Schafe gerissen, ich reiße keine Schafe. Nur eure Hunde kann ich nicht ausstehen!«
Einen Augenblick standen die Männer wie gelähmt und bekreuzigten sich vor dem Anblick des aufrecht stehenden Bären, dem ein Horn an einer silbernen Kette um den Hals hing. Dann krachten die Gewehre, und ein rasender Schmerz durchzuckte die Flanken des Bären, als hätte man ihn mit Lanzen durchbohrt.

Er torkelte, und aus seinen Wunden quoll das Blut wie aus einer Quelle. Und während die Männer ihre Gewehre luden, schleppte er sich mühsam in die Höhle zurück.
Die Männer aber zündeten vor der Höhle ein Feuer an und warfen nasses Laub hinein, und der Wind trieb einen dicken, beißenden Qualm in die Höhle. »Sie wollen mich ausräuchern«, dachte der Bär, »wenn ich hier liegenbleibe, muß ich ersticken.«
Noch einmal nahm er seine ganze Bärenkraft zusammen und duckte sich zum Sprunge. Mit einem einzigen Satz sprang er mitten in das Feuer und scharrte es blitzschnell auseinander, Rauch und Flammen stoben nach allen Seiten, und die Männer konnten im dichten Qualm einander nicht mehr sehen. Sie feuerten ihre Gewehre ab, aber die Kugeln gingen fehl, und dann stürzte sich der Bär auf die Schützen, und wer seinen Pranken entkommen konnte, der rannte um sein Leben.
Als weit und breit kein Laut mehr zu hören war, schleppte sich der Bär wieder in die Höhle zurück. Der Schmerz bohrte in seinen Lenden, seine Flanken zitterten, und seine Tatzen lagen kraftlos am Boden. Aber er starb nicht. Die Stürme auf der Landstraße und die Peitsche der Zigeuner hatten ihn zäh gemacht. Allmählich hörten seine Wunden zu bluten auf, und er fiel in einen langen, tiefen Schlaf.
Als der Schnee vor seiner Höhle schmolz und das Gras zu sprießen begann, waren seine Wunden verheilt, und in seine Muskeln kam die alte Bärenkraft zurück. Er streifte wieder durch die Wälder, von allen Tieren bewundert, von den Leuten gefürchtet.

Der Bär mied die Leute fortan. Aber immer noch zog es ihn zur Landstraße hin, immer noch träumte er von der kleinen Melodie, und noch immer liebte er die Kinder, und er freute sich, wenn sie zur Beerenzeit mit Körben und Töpfen in die Wälder kamen.

Da trug es sich zu, daß er auf seinen Streifzügen einmal einem Knaben begegnete, der sich im Walde verirrt hatte. Und weil die Nacht bevorstand und die Wölfe in der Nähe heulten, nahm er ihn mit in seine Höhle.

Am nächsten Morgen kletterte der Junge auf den zottigen Rücken des Bären, hielt sich an der Halskette fest, und dann trottete der Bär mit seinem Reiter zum Dorfe hin, und der Junge rief: »Wüa, großer Hund, wüa!«, und der Bär brummte gemütlich.

Und die Leute standen an den Haustüren und bekreuzigten sich und riefen: »Ein Wunder, ein Wunder!«

Den ganzen Tag lag der Bär neben der Haustür wie ein treuer Hofhund. Die Kinder kamen und brachten ihm Honig, und der Bär brummte freundlich, wenn sie auf seinen Rücken kletterten und ihn am Pelz zupften.

Als die Sonne unterging, erhob er sich und ging die Dorfstraße hinunter in den Wald hinaus.

Stolz und aufrecht, und je drei Schritte bei einem Atemzug.

Von diesem Tage an sah man im Walde den Bären jeden Abend vor seiner Höhle liegen, den Kopf auf die Vordertatzen gelegt und die Ohren gespitzt wie ein Luchs. Und neben ihm saß der Junge, zeigte auf einen Stern und erzählte dem Bären eine Geschichte. Dann nahm der Junge das Horn von der Kette des Bären und blies darauf einen einzigen Ton. Und der Ton war so schön,

daß die Bäume zu rauschen aufhörten und der Wald verzaubert war. Und dann kam eine kleine Melodie aus dem Wald, und sie war so rein und so klar wie silberne Perlen, und überall legten die Leute ihr Werkzeug hin und lauschten in den Wald hinein.
Die Tage vergingen und die Jahre. Der Winter kam, und die Bauern und die Burschen versammelten sich auf den gefrorenen Seen zum Eisstockschießen, und die Tiere schliefen in ihren Erdhöhlen. Es kam die Zeit der hellen Dächer, und die Apfelbäume blühten und die Weißdornhecken, und die bunten Vögel kamen aus Afrika. Der gelbe Staub kam und das Flimmern über der Landstraße, und die Knechte zogen aus, um das Korn zu schneiden. Im Altweibersommer verzauberten hunderttausend Spinnen das Land, und die bunten Vögel flogen wieder nach Afrika. Und die Blätter starben, und die Kartoffelfeuer brannten, es kamen die kalten Morgen und der Reif und das Windeis über den Pfützen. Und der Sturm kam und der Schnee und ein neuer Winter.
Die Gaukler ziehen schon lange nicht mehr auf den Landstraßen, und es gibt keine Bären mehr, die tanzen können.
Aber die Melodie der Gaukler ist noch nicht verklungen. Die Lumpensammler pfeifen sie manchmal auf ihren Holzflöten und die Schäfer, und wer empfindsame Ohren hat, der begegnet ihr auch heute noch auf der Landstraße, im Summen der Telefondrähte vor dem Gewitter, oder im Herbst, wenn der Wind das Laub von den Bäumen fegt.